UN PROJET DE LOI

SUR LA

PROPRIÉTÉ LITTÉRAIRE ET ARTISTIQUE

Imprimé par Charles Noblet, rue Soufflot, 18.

Extrait de la REVUE PRATIQUE DE DROIT FRANÇAIS

UN

PROJET DE LOI

SUR LA

PROPRIÉTÉ LITTÉRAIRE

ET ARTISTIQUE

PAR

C. CASATI

Avocat à la Cour impériale de Paris, Docteur en droit, Élève de l'École des Chartes.
Lauréat de la Faculté de droit de Paris.

Il n'y a point de droit contre le droit.

(BOSSUET.)

PARIS

A. MARESCQ AÎNÉ,
LIBRAIRE-ÉDITEUR,
17, rue Soufflot, 17.

E. DENTU,
LIBRAIRE-ÉDITEUR,
Palais-Royal, 13-17, Galerie d'Orléans.

1862

UN PROJET DE LOI

PROPRIÉTÉ LITTÉRAIRE

ET ARTISTIQUE

La question de la propriété littéraire renaît aujourd'hui et prend une nouvelle importance. Une commission composée d'hommes éminents vient d'être chargée par le Gouvernement de présenter un projet de réforme de la législation sur la propriété littéraire (1). La mission de la doctrine n'est plus seulement de discuter les différents systèmes, c'est maintenant de présenter une solution pratique.

Le congrès de Bruxelles et celui d'Anvers ont jeté sur cette question une telle abondance de lumières, qu'il en est résulté une sorte d'éblouissement; il ne serait pas inutile de ramener aujourd'hui la question à ses termes juridiques, et de montrer que cette utopie de la propriété littéraire peut prendre un corps. C'est ce corps que je vais essayer de dessiner dans la limite de mes forces.

Pour commencer par le commencement, il faut voir d'abord quelle est, en droit naturel, la base philosophique de la propriété littéraire. A ce point de vue, au lieu de me livrer

---

(1) Décret en date du 1er janvier 1862, rendu sur la proposition du comte Walewski.

à de beaux développements comme des voix éloquentes ont pu le faire (1), au lieu de prendre des ailes, je prendrai *des semelles de plomb*, suivant le dire de Bacon, et restant dans le domaine de la froide raison, je dirai, avec la rigueur géométrique d'un syllogisme :

Toute œuvre produite par le travail de l'homme est sa propriété; or l'œuvre littéraire et artistique est produite par le travail de l'homme.

Donc l'œuvre littéraire ou artistique est la propriété de l'homme qui l'a produite.

Il faut justifier les prémisses, d'abord cette proposition, que la propriété a sa source dans le travail, non sa source historique, mais sa source philosophique. Nous sommes en effet ici sur le terrain du droit naturel, au-dessus des lois positives, des textes écrits, nous ne devons puiser nos inspirations que dans la raison, et la raison par l'étude de l'homme nous montre la cause de ses droits et en particulier du droit de propriété.

Pourquoi l'homme a-t-il des droits? Il a des droits parce qu'il a des devoirs. C'est parce qu'il a à remplir des devoirs, à accomplir la loi morale, qu'il a le droit de sûreté personnelle, le pouvoir d'user librement de ses facultés. Ayant la propriété de ses facultés, il a aussi la propriété de ce qu'il obtient par l'exercice de ses facultés, par son travail, que le produit de ce travail soit intellectuel ou matériel. La propriété est ainsi une extension de la personne. Cette vérité que toute valeur produite est la propriété de celui qui l'a produite n'est qu'une conséquence de cette vérité première, consacrée par le Code du bon sens, que l'effet appartient à sa cause.

Si le travail est la source de la propriété, sa raison d'être, il faut reconnaître qu'il n'a pas toujours été sa source historique. Souvent, pour les terres par exemple, le travail, par le défrichement, a pu être plus encore que l'occupation le titre premier de la propriété, cependant on ne le conteste pas, des usurpations ont pu être commises, le droit a pu être violé en fait, mais il n'en reste pas moins inébranlable dans le domaine de la raison.

1) Discussion à la chambre des députés (1841) et à la chambre des pairs (1839).

Reconnaissons donc sur le terrain philosophique ce principe, que toute valeur produite appartient à son créateur, que le travail donne la propriété.

Cette première proposition établie, il reste à démontrer maintenant cette seconde proposition, qu'une œuvre artistique ou littéraire est produite par le travail de l'homme. Cette proposition ne paraît pas d'abord pouvoir soulever d'opposition; rien n'est plus intime, plus personnel à l'homme que sa pensée, et si le travail ne forme un titre de propriété que comme émanant de la personne elle-même, il semble qu'il ne peut pas y avoir de titre plus sacré de propriété que le travail de la pensée. Cependant nous rencontrons sur ce point des sophismes si souvent répétés qu'ils ont fini par prendre une certaine consistance. Tout en reconnaissant que l'auteur doit bien être propriétaire de ses œuvres artistiques ou littéraires, parce qu'il les a créées par le travail de son esprit, on prétend qu'il n'en doit pas être seul propriétaire, parce qu'il n'en est pas seul créateur, que la société concourt à leur formation; on va même jusqu'à dire qu'elle y prend la plus grande part, et on en conclut qu'elle a sur ces œuvres produites, sinon un droit de propriété complet, du moins un droit de copropriété.

Je ne prétends pas que l'auteur n'emprunte aucune idée à la société, qu'il s'isole complétement de la société au milieu de laquelle il vit; mais parce qu'il profite des travaux de ses devanciers, parce qu'il s'inspire de l'esprit de la société, décider qu'il perd la propriété de son œuvre, ce serait saper dans sa base le droit de propriété lui-même. En effet, l'auteur se trouve dans la même position que tout producteur d'une valeur quelconque.

Le point de départ de tout travail est l'état présent de la société, toute œuvre soit des mains, soit de l'esprit a ses racines dans le passé. L'homme ne peut se soustraire à l'influence de la société, et cette influence est même pour lui la source de tout progrès, de tout perfectionnement, dans le domaine des Arts comme dans le domaine de l'Industrie. S'il était abandonné à lui seul, livré sans défense à l'empire de ses instincts, de ses passions, l'homme tendrait peu à peu à se rapprocher de la brute; mais la société, comme une bonne mère, lui donne la main, raffermit ses pas, le forme par l'éducation, l'anime, l'échauffe au foyer des lumières, mettant avec générosité à sa disposition toutes les richesses morales et matérielles que le temps a amassées dans son sein. En exerçant cette influence sur tous ses membres, la société n'est elle-même que l'organe de la providence de Dieu, qui, par sa parole, par la révélation, a donné à l'humanité l'élément de la vie morale. C'est à lui que prend sa source ce grand fleuve de la civilisation qui répand partout la fécondité et la richesse.

Une chaîne immense relie les esprits des siècles passés avec les esprits des siècles présents. Les développements de l'humanité sont des développements successifs, en vertu de cette influence de la société qui se trahit également dans toutes les œuvres de l'homme, dans ses œuvres matérielles, industrielles, comme dans ses œuvres intellectuelles, artistiques. Car ce qui est vrai dans la sphère la plus élevée de l'intelligence, pour les arts, l'est aussi dans la sphère la moins élevée de l'industrie pour les métiers les plus vulgaires ; l'œuvre la plus commune de l'industrie actuelle n'aurait pu être produite à l'époque de l'invasion des barbares, pas plus que l'œuvre la plus noble des arts, une vierge de Raphaël par exemple. Raphaël n'a été Raphaël que parce qu'il a été précédé par le Pérugin, et l'artisan actuel n'est très-habile que parce qu'il a été précédé d'un autre ouvrier déjà habile dans son métier. N'en concluons pas pour cela que ni l'artiste ni l'ouvrier n'est propriétaire de l'œuvre qu'il a produite, l'un de son œuvre artistique, intellectuelle, l'autre de son œuvre matérielle, l'auteur de la valeur intellectuelle qu'il a créée par le travail de sa pensée, le manœuvre de la valeur matérielle qu'il a créée par le travail de ses mains, non parce que sans leur travail personnel l'œuvre qu'ils ont produite n'existerait pas et que ce travail suffit pour former un titre de propriété.

L'ouvrage d'un auteur ne lui reste pas moins personnel parce qu'il s'est inspiré des idées répandues dans la société ; en effet, ces idées, il les modifie, il les frappe du cachet de sa personnalité, il les fait siennes. Ce qu'il prend à la société, il le lui rend avec usure ; les idées qu'il a pu emprunter à la société il ne s'en réserve pas la jouissance exclusive ; en revendiquant la propriété de son œuvre l'auteur n'empêche pas les tiers de profiter des idées qu'il a émises, il les empêche seulement de reproduire son œuvre avec son plan, son style, le corps qu'il lui a donné; il ne revendique donc que sa propre création.

Toutes les œuvres humaines, on doit le reconnaître, portent l'empreinte de la société parce que l'homme n'est que l'enfant de la société; mais s'il est une œuvre en dehors des idées communes, n'est-ce pas celle de l'homme de génie qui devance son siècle par la pensée? Celui-là il ne relève pas de la société, souvent il a à lutter contre elle, et souvent il succombe dans cette lutte, sacrifié sur l'autel des préjugés et des mensonges. S'il est une œuvre qui puisse être indépendante de la société au milieu de laquelle elle est produite, c'est l'œuvre de l'esprit.

Dire que la société est créatrice de toutes les œuvres littéraires ou artistiques, c'est dire que Racine n'est pas l'auteur d'*Athalie*, que Dante n'est pas l'auteur de la *divine Comédie*, c'est dire que le premier venu aurait pu en faire autant, si pour produire des chefs-d'œuvre il n'y a qu'à puiser dans les idées communes. Les grands auteurs, les grands poëtes, les grands philosophes ne seraient plus que de simples expéditionnaires écrivant sous la dictée de la société. Ce serait nier le génie enfin que de reconnaître à la société un droit de propriété sur les œuvres littéraires et artistiques et de refuser à l'auteur la paternité de sa création.

Reconnaissons donc en second lieu que l'auteur est vraiment l'auteur de son œuvre, ou en d'autres termes que toute œuvre littéraire et artistique est produite par l'homme, par le travail personnel de l'homme.

Ces deux propositions étant établies, que toute œuvre produite par le travail de l'homme est sa propriété, et que toute œuvre littéraire ou artistique est produite par le travail de l'homme, il en résulte cette conclusion que toute œuvre littéraire ou artistique est la propriété de son auteur (1).

---

(1) Je ne veux point créer un privilége au profit des auteurs, je ne prétends pas élever la propriété littéraire au-dessus des autres propriétés; je reconnais même que quelquefois des œuvres littéraires ou artistiques, « nées de la débauche d'un esprit desmanché, » peuvent être moins utiles à la société que l'œuvre vulgaire d'un manouvrier. Tout ce que je demande, c'est l'égalité entre le travail de l'esprit et le travail du corps.

De ce que la propriété littéraire est une véritable propriété, il s'ensuit qu'elle est perpétuelle, car il n'y a pas de propriété sans perpétuité ; c'est là une vérité de droit naturel consacrée par les lois civiles ; le droit de transmission perpétuelle à ses héritiers est une conséquence forcée du droit de propriété. Le droit de propriété sur une chose, c'est le droit d'en disposer d'une manière absolue, c'est donc le droit de la transmettre comme c'est le droit de la détruire. La perpétuité donne même au droit de propriété sa plus grande force morale, l'espérance de transmettre ses biens à ses enfants, à ses descendants, porte au travail, encourage à produire et peut amener ainsi, par la production de valeurs nouvelles, un progrès dans le bien-être général.

Étant établi que le droit de propriété littéraire est un droit complet, perpétuel, il semble que son application doit avoir lieu sans difficulté, cependant il rencontre encore des obstacles à vaincre, des objections à réfuter. On invoque ici un prétendu droit de la société acquis non plus par la création de l'œuvre littéraire, mais par suite de sa publication. On dit que par la publication d'un ouvrage le public mis en possession des idées de l'auteur en devient propriétaire. Oui, il y a un fait de possession, de jouissance de la part du public, mais nullement un droit ; c'est une possession purement intellectuelle, nullement juridique, une jouissance qui peut être très-féconde dans le domaine de l'intelligence, mais qui doit rester stérile dans le domaine du droit.

L'auteur, en qualité de créateur unique de son œuvre littéraire, doit conserver un droit exclusif de propriété, et le public parce qu'il est entré en jouissance de l'œuvre littéraire n'en a pas le moins du monde acquis la propriété. Un exemple choisi au hasard peut faire comprendre quelle est la nature de cette jouissance : le public pourrait être admis à jouir d'un parc, moyennant une certaine rétribution de même valeur à peu près que celle qu'il doit payer pour entrer en jouissance d'une œuvre littéraire en achetant un exemplaire ; par la possession et par la jouissance du parc le public n'en est pas devenu propriétaire, il ne peut pas non plus devenir propriétaire de l'œuvre littéraire dont il entre en jouissance.

Cette objection se réduit à dire en définitive, et c'est même sous cette forme qu'on la présente quelquefois, que celui qui achète l'exemplaire d'une œuvre littéraire, achète en même temps le droit de la reproduire. Pour soutenir une pareille proposition, il faut ne pas se rendre compte de la nature du droit de propriété littéraire. C'est un droit d'une nature toute particulière ; son objet n'est pas une chose matérielle, n'est pas un exemplaire, c'est l'œuvre de l'esprit, c'est la pensée ; cette œuvre de l'esprit peut se reproduire à l'infini et conserve toujours une valeur indépendante de l'exemplaire qui lui sert de forme ; on en peut faire un très-grand nombre de copies et chaque copie a une valeur égale à celle de l'original. Le droit de propriété littéraire, c'est un droit de reproduction de l'œuvre de l'esprit, c'est ce que les Anglais appellent *copy right*.

Celui qui achète un exemplaire d'une œuvre littéraire n'acquiert que la propriété de l'objet matériel, du papier, de l'encre, et non la propriété de l'œuvre littéraire elle-même, des idées, des sentiments, des pensées de l'auteur. — Résumer la propriété littéraire dans la propriété d'un exemplaire, ce serait matérialiser l'esprit, ce serait faire de la plus noble des propriétés, de la propriété de la pensée, la propriété d'un objet formé, comme l'a dit un écrivain, « à l'aide des rebuts de la société, du noir de fumée pris des os et des chiffons laissés sur la voie publique. »

S'il en est ainsi non-seulement des œuvres littéraires, mais encore des œuvres musicales, des œuvres de gravure, il en est autrement des œuvres de peinture, de sculpture ou d'architecture, parce que les copies de ces œuvres-là sont faites d'une manière différente de l'original, ne présentent pas la même perfection dans le travail d'exécution. Pour ces œuvres-là le droit de reproduction ne constitue pas à lui seul tout le droit de propriété ; il se place à côté du droit de propriété sur l'original.

Pour faire déchoir la propriété littéraire du rang qui lui appartient, et la priver de ses droits légitimes, on a souvent prétendu l'assimiler à la propriété industrielle. Il est facile de montrer que ces deux propriétés ne sont pas de même nature ; l'une est dégagée de tout élément matériel, ne dépend que du domaine de la pensée, c'est la propriété littéraire ; l'autre, la propriété industrielle, se compose d'un double élément, d'un élément matériel et d'un élément intellectuel, et souvent ce dernier élément, l'idée, n'entre que pour une petite part dans la création de l'œuvre industrielle.

Le travail des mains produit la propriété de l'objet matériel lui-même; le travail de l'esprit, l'invention qui a pris une part à la formation de cette œuvre, doit aussi enfanter une propriété, une propriété intellectuelle, un droit incorporel de reproduction en proportion avec la part qu'il a prise dans la création de l'objet industriel, c'est-à-dire non pas complet, perpétuel, mais incomplet, restreint comme son principe lui-même, restreint dans sa durée par exemple. On ne peut en effet faire monter tous les éléments matériels qui entrent dans la création d'un objet industriel, au niveau de l'élément intellectuel qui a concouru à sa formation, pour n'en faire plus qu'une œuvre de la pensée et donner à son auteur un droit de propriété intellectuelle absolue; c'est impossible, il ne faut rendre à l'idée que ce qui appartient à l'idée, n'enter sur cet objet industriel qu'une portion de propriété intellectuelle, et ce sera encore assurer à l'inventeur l'exploitation complète de son invention. En effet toute œuvre industrielle n'est créée que pour un temps; elle demande toujours un perfectionnement; et le temps pendant lequel la loi actuelle attribue à l'inventeur la jouissance exclusive de son œuvre, c'est à peu près le temps pendant lequel son invention peut vivre. Les améliorations arrivent aussitôt, se succèdent et modifient toujours de plus en plus l'œuvre primitive qui s'efface peu à peu. En est-il de même des œuvres littéraires ou artistiques? Peut-on greffer ainsi sur un ouvrage des perfectionnements successifs? On n'a pas encore trouvé le moyen de faire des améliorations à l'œuvre d'Homère, qui a bien plus de deux mille ans.

On ne peut assimiler l'œuvre manuelle propre à satisfaire des besoins matériels, avec l'œuvre de la pensée destinée à répondre aux plus hautes aspirations de l'esprit; on ne peut assimiler ce qui est du domaine de la matière, avec ce qui ne dépend que du domaine de l'intelligence; ce serait faire monter la matière, au niveau de l'esprit, le corps à la hauteur de l'âme. On ne saurait confondre la propriété littéraire avec la propriété industrielle.

La question de la propriété industrielle, du reste, est indépendante de la question de la propriété littéraire; je n'en ai parlé que pour ne rien laisser dans l'ombre ; il suffit pour arriver à mon but d'avoir établi que la propriété littéraire ou artistique doit être perpétuelle.

L'économie politique arrive à la même conclusion que la logique, mais par un autre chemin. Il est reconnu en effet que le prix de vente d'un produit se répartit entre tous ceux qui ont concouru à sa formation, en remontant jusqu'aux créateurs des matières premières ; de même que le mouvement imprimé à une masse d'eau se communique de proche en proche et se répand successivement dans toutes ses molécules, de même le bénéfice se distribue également entre tous dans le champ de la production.

Pour la vente d'un livre, par exemple, le bénéfice du libraire se trouve partagé par tous ceux qui ont pris une part plus ou moins directe à la création du livre, par tous, depuis le relieur jusqu'au fermier qui a élevé l'animal dont la peau a servi à la reliure, depuis le papetier jusqu'au chiffonnier qui a ramassé les débris dont on a fait le papier, depuis l'imprimeur jusqu'à l'ouvrier mineur qui a tiré de la terre le plomb dont on a formé les caractères d'imprimerie. Tous ceux qui ont concouru de loin ou de près à la formation de chaque exemplaire d'un livre retirent un profit de leur travail. Comment l'auteur qui est en définitive le premier créateur du livre, seul de tous ces producteurs pourrait-il être privé de toute part de bénéfice sur le prix de vente des exemplaires de son livre, être dépouillé de la propriété de son travail, lui ou ses héritiers après sa mort ? Pourquoi séparer l'auteur de tous les autres producteurs ? Pourquoi créer contre lui une exception ?

La création d'une œuvre intellectuelle, comme la production d'une œuvre industrielle, ne peut avoir lieu sans le concours de capitaux. Les lettres demandent un long apprentissage, il faut plus de temps, plus de peine, plus de dépenses souvent à un auteur pour produire une œuvre littéraire ou artistique, qu'à un ouvrier pour produire une œuvre industrielle. Pourquoi priver l'auteur des droits qui appartiennent à tout producteur ? Tout producteur de valeurs quelconques doit pouvoir échanger ses produits contre des produits de nature différente, il doit pouvoir vivre avec le fruit de son travail : Pourquoi l'auteur ne pourrait-il pas puiser dans la production d'œuvres intellectuelles des moyens de subsistance pour lui et sa famille comme dans la création de tout autre produit ?

N'est-il pas juste d'entourer les productions de l'esprit des mêmes garanties que toutes les autres productions? Est-ce un moyen d'encourager les producteurs que de les dépouiller au bout d'un certain temps des valeurs qu'ils ont produites? C'est en considération de l'intérêt général, dit-on, c'est pour répandre les lumières qu'on prive l'auteur de la propriété de son œuvre et qu'on la livre au public. Cet intérêt de la société n'existe pas en réalité, mais en admettant qu'il existe, pourquoi ne permettrait-on pas aussi au public de s'emparer de tous les livres qui se trouvent chez les libraires ? ce serait un moyen pour le public de s'instruire encore à meilleur marché ! Pourquoi ne le permet-on pas? Peut-être parce que ce ne serait pas encourager les libraires à publier de nouvelles éditions. Croit-on que ce soit un moyen d'encourager les auteurs à produire des œuvres littéraires que de les dépouiller de la propriété de leurs productions ? Ne devrait-on pas favoriser ce travail de l'esprit dont les productions sont souvent utiles, bienfaisantes pour la société, qui l'éclairent, la civilisent, en élargissant le domaine des idées?

Il faut reconnaître que l'économie politique au point de vue de l'utile, comme le droit naturel au point de vue du juste, confirment également le principe d'inviolabilité de la propriété littéraire.

Ce principe que l'on voudrait étouffer aujourd'hui sous des sophismes, il a été reconnu et consacré déjà dans notre ancienne législation : un arrêt du conseil du roi l'a appliqué au profit des héritiers de Lafontaine (1761) ; un arrêt du conseil d'État de 1717, a attribué aux auteurs la jouissance de leurs œuvres à perpétuité dans le cas où ils n'en feraient pas cession à des tiers ; l'avocat-général Séguier a proclamé la propriété littéraire « la plus incontestable de toutes les pro-« priétés. » Enfin tous les grands esprits du xviii° siècle ont élevé la voix pour la défense de ce principe.

Notre législation actuelle elle-même, quoiqu'elle ait méconnu le principe et restreint à un court délai la durée du droit de propriété littéraire, sans consacrer la chose, en a conservé le nom, ce mot de propriété qui reste comme un aveu en faveur du principe. Notre législation porte même un germe

de la perpétuité du droit; ce n'est pas aux plus grandes œuvres de l'esprit humain qu'elle attribue cette perpétuité, non,
c'est à l'un des plus modestes, des plus vulgaires produits des
arts, placé presque sur les confins de l'industrie, c'est aux
dessins de fabrique.

Ainsi aujourd'hui l'homme qui aura su combiner d'une
certaine manière, agréable à l'œil, des lignes propres à être
reproduites en soie, en laine ou en coton, cet homme pourra
obtenir la jouissance perpétuelle de son œuvre pour lui et
pour ses héritiers, tandis que celui qui aura su dans une
grande composition représenter aux hommes les traits de
l'idéal, animer leur âme du souffle de l'inspiration; cet homme
ne pourra jouir de son œuvre que pendant un certain nombre
d'années. Il y a là une injustice flagrante qui brûle les yeux.
Mais pourquoi le droit perpétuel de propriété est-il consacré
pour une œuvre si secondaire du domaine des arts ? N'est-ce
pas parce que ce droit c'est la vérité, et que la vérité se trahit
toujours par quelque endroit ?

Ce principe a couvé pendant des siècles, ne se faisant sentir
que par des secousses momentanées; la charpente factice de
lois sous laquelle on a voulu l'étouffer, aujourd'hui craque
de toutes parts, elle s'écroule et sur ses ruines doit s'élever le
principe de propriété littéraire immuable comme la vérité.
Ce n'est pas seulement la vérité de la raison, c'est aussi la vérité du cœur. La société peut-elle se montrer ingrate envers
ces hommes de génie, ces grands penseurs, ces grands artistes
qui l'ont comblée de toutes les richesses de l'intelligence; doit-
elle mutiler leurs droits? Car ce sont les droits du génie que
le droit perpétuel viendrait consacrer, ce ne seraient pas ceux
des auteurs médiocres dont les œuvres se perdront bientôt
dans l'oubli, car ils ne peuvent pas avoir d'intérêt à jouir de
leurs droits à perpétuité; les hommes dont le nom doit vivre
dans l'avenir, dont les œuvres sont destinées au culte de la
postérité, seuls ont intérêt à demander la complète et perpétuelle jouissance de leurs droits. Est-ce que la société doit
leur témoigner sa reconnaissance en les dépouillant du droit
inviolable de propriété de leurs œuvres et en condamnant
leurs héritiers à la misère?

La législation actuelle qui réduit à un certain nombre d'années la durée du droit de propriété littéraire, arrive à une

conséquence immorale, elle favorise les œuvres légères et futiles de la littérature aux dépens des grandes œuvres écrites pour la postérité. Dans notre littérature, en effet, il est rare qu'on travaille à la fois, et pour ses contemporains et pour la postérité, pour le présent et pour l'avenir. Il est des œuvres éphémères qui naissent des passions du moment et qui disparaissent avec elles; elles jettent tout d'abord un grand éclat, elles font beaucoup de bruit, puis elles retombent bientôt dans le néant. La durée de la jouissance accordée à l'auteur par la législation actuelle lui permet d'exercer sur une œuvre de cette nature tous les droits auxquels il peut prétendre, car au bout de quelques années, de son vivant même, son œuvre a disparu, s'est effacée, et l'auteur en a tiré tous les profits qu'elle pouvait produire. Les grandes œuvres au contraire sur lesquelles doivent s'arrêter les suffrages de la postérité ne se forment souvent que par un lent travail, et n'arrivent que lentement au succès; souvent elles restent méconnues du vivant de leur auteur; c'est seulement après un long examen que le goût du public les choisit au milieu des productions de toute nature qui inondent le champ de la littérature et des beaux-arts, et lorsqu'enfin la gloire vient jeter sur elles son reflet immortel, plusieurs années se sont déjà écoulées, le droit de propriété temporaire va s'éteindre, et le chef-d'œuvre à côté duquel l'auteur est peut-être mort de faim (1) se trouve enlevé à ses héritiers au moment où il pourrait devenir pour eux une source de richesses.

L'œuvre passagère, née en un jour et en un jour morte, que les flots de l'oubli ont bien vite emportée, l'auteur l'exploite avec tout profit, il en jouit d'une manière complète pendant tout le temps qu'elle peut durer; tandis que l'œuvre destinée à l'immortalité, ce monument *ære perennius*, que l'auteur a élevé souvent par un travail acharné, au prix de sa vie même, qui devient la gloire de l'humanité, l'auteur n'a pas même la consolation de la laisser à ses héritiers, de leur laisser les fruits de son travail qu'il n'a pu recueillir lui-même. Il y a donc par le fait inégalité et injustice dans la législation actuelle et il y a injustice parce qu'on a violé la vérité du principe de propriété.

(1) Voyez Milton et tant d'autres grands écrivains.

On ne peut opposer à ce principe de propriété des auteurs qu'un intérêt et non pas un droit; un intérêt plutôt apparent que réel, dont il peut être tenu compte dans un projet de loi, cet intérêt de la société qui paraît engagé à l'extinction des droits exclusifs de propriété littéraire ou artistique pour que les œuvres utiles au bien public ne restant pas soumises dans leur publication à l'exercice d'un droit d'auteur, puissent plus facilement se répandre dans le public, se vulgariser, en un mot, se vendent meilleur marché. Mais cet intérêt de la société, contraire au droit exclusif des auteurs, n'existe pas en réalité, et on le prouve par un argument sans réplique, par un fait : Aujourd'hui les ouvrages dont la propriété est réservée aux auteurs ne se vendent pas plus cher que les ouvrages tombés dans le domaine public ; bien plus ils se vendent meilleur marché. Aujourd'hui ne voyons-nous pas se produire des éditions d'œuvres nouvelles d'auteurs vivants, dont les exemplaires se vendent au tiers du prix des exemplaires réunissant d'ailleurs les mêmes conditions matérielles d'œuvres qui appartiennent au domaine public, qui peuvent être imprimées librement sans perception de droits d'auteur? Cet intérêt de la société n'est donc qu'un fantôme imaginaire. Cependant, et j'en viens à la codification de ces idées, à l'analyse d'un projet de loi sur la propriété littéraire, pour obvier à toutes les difficultés, pour prévenir toutes les objections, sauvegarder tous les intérêts de la société, on pourrait placer dans un projet de loi, à côté du droit perpétuel de l'auteur sur son œuvre; le droit pour la société de l'exproprier pour cause d'utilité publique. Qu'on ne s'effraye pas de ce mot expropriation publique, l'expropriation est déjà inutile maintenant par suite des progrès de la librairie. Ce ne serait qu'une institution de prévoyance propre à assurer la libre exécution de la loi dans les limites des intérêts de la société; ce ne serait qu'une mesure de garantie pour la société dont on n'aurait jamais besoin de se servir, une arme de défense pour les cas où ses intérêts seraient menacés, pour le cas par exemple où des héritiers barbares se refuseraient à publier les œuvres de leur auteur.

Dans ce cas difficile à supposer, car on n'a pas encore vu d'héritiers se plaire à détruire les valeurs mises en eur possession, la société viendrait dépouiller ces héritiers de la précieuse propriété qu'ils voudraient détruire. L'expropriation pour utilité publique ne formerait donc point un des rouages essentiels du projet de loi dont je présenterai le texte plus loin, elle viendrait seulement faciliter sa marche, sauvegardant les intérêts fictifs ou réels de la société; elle ne serait qu'une sorte de contrepoids au droit exclusif des auteurs, contrepoids destiné à affermir l'équilibre de la loi.

Les conditions de l'expropriation pourraient être déterminées par un règlement. Quant à l'indemnité qui devrait être payée à l'auteur, elle serait fixée par un jury, comme dans le cas d'expropriation immobilière. La composition de ce jury ne pourrait offrir de difficultés. de même que pour expropriation des immeubles, on choisit le jury parmi les propriétaires d'immeubles, de même pour l'expropriation des droits d'auteur, on choisirait le jury parmi les propriétaires de valeurs de même nature. Et, certes, la France est assez riche en artistes et en hommes de lettres pour que ce jury soit facile à recruter.

Tout en donnant pour base à ce projet de loi le principe de perpétuité de la propriété, cependant pour donner encore une autre satisfaction aux exigences fondées ou non de l'intérêt public, on pourrait admettre une légère dérogation au principe. La mission du législateur étant de combiner les principes de la raison, l'idéal philosophique, avec l'état de la société, avec la réalité présente, pour ne pas passer par une trop brusque secousse d'un extrême à l'autre, on pourrait réduire la durée du droit à 99 ans en cas de cession à des tiers. Cette modification, tout en maintenant toujours avec la même fermeté le principe de perpétuité, tout en le laissant comme la colonne inébranlable de la loi, cette modification tendrait à effacer toutes les difficultés que pourrait présenter l'application du projet de loi, et à faire disparaître toutes les appréhensions que pouvait faire naître l'exercice perpétuel de droits allant se perdre dans la nuit des temps. Par cette disposition, en effet, il ne serait porté aucune atteinte aux droits sacrés des auteurs ou de leurs héritiers qui ne vendraient pas moins cher leurs droits pour 99 ans que pour toujours; 100 ans c'est une éternité aujourd'hui où le mouvement du commerce a l'impétuosité d'un torrent; où les fortunes industrielles s'élèvent et s'engouffrent en si peu de temps. Cette réduction n'atteindrait en définitive que les libraires, elle les empêcherait de tirer d'immenses profits d'œuvres qu'ils auraient pu acheter à très-bas prix.

Toutes les dispositions de ce projet de loi ne sont que la conséquence du principe de propriété littéraire. Au lieu de faire une classe à part pour chacune des œuvres artistiques et littéraires, je crois pouvoir les ranger toutes sous l'empire de la même règle unique et générale.

Le droit exclusif et perpétuel qu'un auteur a sur son œuvre, à quelque branche des arts ou des lettres qu'elle appartienne, doit lui permettre de poursuivre quiconque voudrait l'exploiter à ses dépens. L'auteur peut toujours revendiquer son œuvre sous quelque forme qu'on la produise, que ce soit par un art différent, s'il s'agit d'une œuvre artistique, que ce soit par une traduction étrangère, s'il s'agit d'une œuvre littéraire, l'auteur peut prendre son bien partout où il le trouve et poursuivre en contrefaçon tous ceux qui veulent usurper ses droits. Les droits des lettres, les droits des sciences, les droits des arts sont égaux en effet devant la justice. Il y a sur ce point des incertitudes dans la jurisprudence qu'il est nécessaire de trancher par une règle franche et absolue. Mais si les auteurs ont un droit exclusif pour ce qui touche à l'exploitation pécuniaire de leurs œuvres, le public reste toujours libre d'y puiser des inspirations littéraires ou artistiques.

L'auteur ayant la jouissance exclusive de son œuvre doit avoir seul le droit de la traduire ou de la faire traduire. La traduction ne crée pas en effet une œuvre nouvelle, elle reproduit l'œuvre originale tout entière, le plan, les idées, le style, les expressions ; ce n'est que la copie exacte, l'image fidèle de l'œuvre originale. Il n'en est pas ainsi, il est vrai, des traductions mal faites, mais serait-il juste de faire une exception en leur faveur ? Une traduction ne doit changer que les mots, que les sons, l'idiome étranger n'est qu'un voile transparent qui, s'il n'est pas jeté trop maladroitement sur l'œuvre traduite, laisse voir ses formes, sa beauté, sa grâce, ses couleurs. La traduction doit représenter l'œuvre originale bien plus complétement qu'une gravure ne peut représenter un tableau ; c'est un calque, une reproduction, une copie, et comme telle la reproduction ne peut se soustraire au droit de propriété littéraire qui n'est lui-même qu'un droit de copie.

Le droit exclusif des auteurs doit s'exercer également sur les compositions orales, sur les discours ; l'auteur ne peut pas être dépouillé du droit de reproduire et de publier de toutes manières l'œuvre de sa pensée, parce qu'il l'a produite une fois par la parole, son droit incorporel (1) reste intact. Quant aux discours prononcés dans les chambres politiques, quant aux plaidoyers des avocats, ils perdent le caractère privé pour revêtir le caractère public des actes auxquels ils s'associent; les discours des deux chambres peuvent être publiés avec les lois, et les plaidoyers des avocats avec les jugements des tribunaux, sans que cependant l'auteur perde le droit exclusif de les publier en ouvrages séparés.

Les sociétés littéraires ou savantes doivent avoir comme les individus un droit de propriété sur leurs œuvres. Pourquoi, en effet, déroger contre elles au droit commun ? La raison de la propriété n'est-elle pas la même ? Il y aurait au contraire un motif d'intérêt public à encourager les publications des sociétés, leurs travaux peuvent être plus complets. Par la réunion de plusieurs intelligences, elles peuvent triompher de difficultés devant lesquelles une force individuelle resterait impuissante, et créer de grandes œuvres que ne pourrait produire un homme isolé.

On ne peut faire d'exception pour les ouvrages anonymes ; serait-il juste de dépouiller un auteur parce que la timidité lui a fait voiler son nom, parce qu'il a pris un masque pour affronter le grand jour de la publicité? De beaux ouvrages, des chefs-d'œuvre de l'esprit humain se sont produits sous cette forme; l'œuvre ne perd pas son mérite et l'auteur ne doit pas perdre ses droits. Il en est de même des œuvres posthumes ; le droit de propriété ayant la même source, doit aussi produire les mêmes effets.

Les lettres missives, comme œuvre littéraire, constituent une propriété et ne peuvent être publiées que par leur auteur. Le destinataire d'une lettre n'est pas devenu propriétaire de la pensée de l'auteur par cela seul qu'il a en sa possession le papier sur lequel sont tracés les caractères d'écriture qui la

____

(1) Cette expression, *droit incorporel*, est consacrée dans cette question ; elle signifie droit incorporel par son objet, la pensée; prise à la lettre, elle n'aurait pas de sens, tout droit étant par lui-même incorporel.

reproduisent; il a la propriété de l'objet matériel, mais non celle de la pensée. On ne peut reconnaître au destinataire la propriété de la lettre, autant vaudrait déclarer que celui à qui s'adresse la dédicace d'un livre en devient propriétaire. Du reste, ce qui est réservé à l'auteur, c'est seulement la propriété littéraire; le destinataire d'une lettre serait donc parfaitement libre de la publier si son intérêt l'exigeait, pourvu qu'il n'en fît pas une publication littéraire.

Dans la vente d'une œuvre d'art, l'auteur est censé s'être réservé le droit de reproduction. Il y a sur ce point encore une incertitude de la jurisprudence qu'il faut trancher par une disposition expresse. Cette solution résulte de la nature même du droit de propriété littéraire ou artistique, de sa nature incorporelle. Ce droit ne se résume pas en effet dans la possession d'un objet matériel, il ne consiste au contraire que dans la faculté de reproduire une conception littéraire ou artistique, de la publier, d'en vendre les copies. L'auteur, l'artiste ne peut être censé avoir vendu le droit de reproduire sa conception artistique, son œuvre littéraire, parce qu'il en a vendu un exemplaire; cet exemplaire aura plus ou moins de valeur, ce sera peut-être une œuvre d'art d'un grand mérite, mais ce ne sera jamais qu'une traduction de l'idée de l'artiste, dont seul il conserve la propriété, que seul il peut exploiter par tous les moyens. Le droit de reproduction d'une œuvre d'art ne peut être considéré comme un accessoire de l'œuvre elle-même; au point de vue pécuniaire, par exemple, il a souvent bien plus d'importance que la propriété de l'original.

La réserve de ce droit au profit des artistes s'appuie encore sur de puissantes considérations : l'intérêt des arts, l'usage de la pratique. Il n'y a pas seulement un intérêt pécuniaire pour les artistes à conserver le droit de reproduction de leur œuvre, il y a aussi pour eux un intérêt moral, l'intérêt de leur réputation, de leur gloire; on ne doit pas les condamner au supplice de voir défigurer, mutiler sous leurs yeux et malgré eux, par des reproductions barbares, les œuvres qu'ils ont marquées du sceau de leur génie. Si les artistes ne président pas à la reproduction de leurs œuvres, le premier venu pourra donner à la gravure maladroite qu'il aura faite le titre d'un chef-d'œuvre, compromettre ainsi la réputation d'un grand artiste, traîner sa gloire dans la boue. L'intérêt des arts commande que le droit de reproduction d'une œuvre artistique soit réservé à l'auteur.

C'est du reste ce qui a lieu dans la pratique. Tous les artistes, tous ceux du moins qui osent parler en face des marchands, tous ceux qui peuvent faire leurs conditions, se réservent expressément le droit de reproduction de leur œuvre; les jeunes artistes seuls, ceux qui sont trop heureux de vendre leur œuvre de quelque manière que ce soit, ne font pas cette réserve dans le marché, mais la loi doit venir à leur secours en l'établissant en leur faveur, car cette œuvre qu'ils cèdent pour rien, c'est quelquefois une œuvre de génie dont le marchand vendra très-cher le droit de reproduction. Ces considérations suffiraient pour faire établir la réserve du droit de reproduction comme condition tacite dans la vente d'une œuvre d'art, si cette disposition n'était imposée par la logique même du droit, car elle n'est qu'une conséquence de la nature du droit de propriété littéraire ou artistique. L'auteur ne saurait être dépouillé de son droit incorporel sur son œuvre parce qu'il en a aliéné un exemplaire.

Dans le même but, pour protéger les jeunes artistes contre l'imprévoyance, la cession absolue d'un droit de propriété littéraire ne serait censée faite que pour deux éditions. C'est une dérogation à la règle générale de l'art. 1602, dérogation que paraissent commander la justice et l'intérêt des arts.

Sur ce même terrain d'interprétation présumée de l'intention des parties, on pourrait reconnaître à l'auteur d'articles de journaux ou de revues le droit de les reproduire. En effet, l'auteur qui publie ses œuvres littéraires sous la forme éphémère d'un journal ne peut être censé renoncer au droit perpétuel de reproduction de son œuvre; l'on va rarement chercher un article enterré dans les archives d'un journal; on ne peut ainsi condamner un auteur à la mort de ses œuvres, étouffer ses droits; aussi doit-on lui réserver, sauf convention contraire, le droit de reproduction; seulement, pour qu'une publication nouvelle ne nuise pas aux intérêts du journal ou de la revue, elle ne peut être permise qu'après un certain délai.

Le droit de propriété littéraire ou artistique ne présente pas autant de difficulté d'application qu'on veut bien le prétendre, il peut se conformer à toutes les règles ordinaires du droit civil. Dans une succession, par exemple, s'il s'élève des difficultés pour le partage de droits de cette nature, la licitation viendra trancher ces difficultés. Il n'est que très-peu de dérogations au droit commun exigées par la nature particulière du droit.

Pourquoi maintiendrait-on l'exception établie dans la législation actuelle en faveur de la veuve pour les droits de propriété littéraire ? Certainement quelquefois la femme d'un auteur pourra par une douce influence l'inspirer dans ses travaux artistiques ou littéraires. Mais la coopération de la femme n'est-elle pas plus active encore pour des travaux vulgaires ? N'est-ce pas surtout dans les basses conditions que les deux époux concourent également au labeur commun ? Est-il une œuvre plus personnelle à son auteur que l'œuvre de sa pensée ? Il n'est donc aucune raison pour attribuer à la veuve ces biens-là plutôt que d'autres. Et c'est uniquement ce qu'il y a à examiner ; je n'ai pas à chercher quels doivent être les droits absolus des veuves sur la succession de leurs maris ; notre législation sur ce point prête à beaucoup de critiques.

En cas de mariage d'un auteur sous le régime de la communauté, les droits de propriété littéraire comme droits mobiliers seraient tombés dans la communauté suivant la règle générale, et auraient été soumis au partage, après la dissolution de la communauté, par la mort du conjoint de l'auteur ; il m'a paru juste que l'auteur ne fût pas dépouillé de son vivant de la jouissance de son œuvre, c'est-à-dire du droit de la revoir, de la modifier, de la corriger ; et j'ai cru devoir proposer de lui en laisser la jouissance pendant sa vie, quitte à faire rentrer ses droits à sa mort dans l'actif de la communauté.

Dans le même but et par dérogation aux règles sur l'indivision, j'ai pensé que le partage ne devait pas être provoqué contre un co-auteur sa vie durant. Il y a en effet un grave intérêt moral engagé à ce que l'auteur reste toujours le maître de changer, d'améliorer, de supprimer même son œuvre s'il le juge à propos.

Le même motif m'a conduit encore à reconnaître à la femme mariée le droit de disposer de ses œuvres littéraires ou artistiques avec l'autorisation de la justice, à défaut du consentement de son mari. Il m'a paru juste de consacrer en la per-

sonne de la femme mariée l'indépendance qui doit s'attacher
au travail de la pensée, à la culture des lettres et des arts,
de mettre ainsi ces grands intérêts au-dessus des intérêts vulgaires de la vie civile.

Les créanciers d'un auteur ne peuvent saisir ses manus-
crits inédits ou ses œuvres d'art inachevées; c'est une disposition qu'il ne serait pas besoin d'écrire, si cette question
n'était une occasion de controverses. Les créanciers peuvent
saisir toutes valeurs qui appartiennent à leur débiteur, c'est
à ce titre qu'ils peuvent saisir son œuvre déjà publiée pour en
faire une nouvelle édition; mais dans un manuscrit inédit,
il n'y a pas une valeur complète, il n'y a que l'espérance d'une
valeur, le germe d'une valeur, un germe qui ne peut fructifier
que sous le souffle de l'auteur lui-même, c'est peut-être un
germe funeste qu'il étouffera, on ne peut lui donner vie sans
son consentement. On ne peut jeter la main de la force publique sur ces pensées à peine écloses que renferme un manuscrit pour les flétrir avant qu'elles aient vu le jour; on ne
peut sacrifier ainsi la gloire d'un auteur à de misérables considérations pécuniaires; ce serait compromettre les intérêts
des lettres et des arts.

La justice unie à l'intérêt de la religion doit empêcher de
reconnaître aux évêques et archevêques un droit de propriété
réelle sur les livres d'heures et de prières, catéchismes, bréviaires qu'ils font publier dans leur diocèse, d'abord parce
qu'ils ne sont pas vraiment les auteurs de ces livres de
prières, ensuite parce que, même en les rédigeant, ils ne
créeraient pas une œuvre littéraire, ils ne feraient jamais que
remplir leur mission religieuse, les fonctions de l'épiscopat;
chargés de l'instruction des fidèles, ils ne peuvent leur faire
payer un droit d'auteur sur les livres destinés à les éclairer.

Quant au droit d'autoriser la publication des livres, ce
droit reste exclusivement attaché aux évêques; ils doivent
exercer leur contrôle sur tous les ouvrages religieux, s'assurer de l'orthodoxie des doctrines, de la pureté du texte
sacré pour que les fidèles ne soient pas égarés dans leurs
croyances par des livres qui cacheraient l'hérésie sous les
apparences de la religion, mais ils ne peuvent pas vendre aux
fidèles les sources de l'instruction religieuse; on ne saurait faire
de ce droit sacré de surveillance une industrie commerciale.

Il est nécessaire de trancher toutes ces questions particulières pour mettre une digue au torrent de procès dont elles ont été la source, j'ai cherché la solution la plus conforme au principe même du droit.

Quant aux règles de la prescription, elles ne me paraissent pas applicables à ce droit de nature incorporelle; on ne pourrait priver un auteur ou ses héritiers de leur droit parce qu'un autre l'aurait exploité, il pourrait en effet ne pas avoir connaissance du fait d'usurpation de sa propriété. On ne pourrait pas non plus éteindre par la prescription le droit d'un auteur ou de ses héritiers dans le cas où ils resteraient un certain temps sans publier d'édition nouvelle, car il est des livres, de grands ouvrages dont chaque siècle voit à peine éclore une édition.

Quant à l'action contre le contrefacteur, elle doit rester soumise au droit commun.

Dans l'application de la loi, pour sauvegarder les droits des auteurs sur leurs œuvres, il semble nécessaire, en consacrant les droits des auteurs sur leurs œuvres, de soumettre l'exercice de ces droits à l'accomplissement de formalités sévères pour les auteurs, mais établies dans leur intérêt en même temps que dans l'intérêt de tous. On a toujours présenté comme un obstacle à la perpétuité du droit d'auteur, la difficulté pour les tiers de savoir si une œuvre est ou non dans le domaine public; on a prétendu qu'il serait impossible de trouver les traces du propriétaire d'une œuvre littéraire, lorsqu'au bout d'un certain temps, par suite de transmissions successives, cette œuvre serait perdue dans l'océan du public. Les formalités du dépôt et de l'enregistrement me paraissent un remède à cette difficulté, en faisant de ces formalités la condition première de la constitution d'un droit de propriété littéraire ou artistique. Le dépôt fera savoir aux tiers que l'auteur s'est réservé la jouissance exclusive de son droit; l'enregistrement de l'acte de mutation en cas de transmission ou de cession du droit leur annoncera que la propriété est passée entre telles ou telles mains. Le droit de l'auteur sur son œuvre restera inefficace entre ses mains tant que le dépôt n'aura pas eu lieu, et les cessions seront nulles à l'égard des tiers tant qu'elles n'auront pas été rendues publiques par la transcription sur le registre tenu à cet effet.

Les étrangers à qui une loi récente a attribué la jouissance complète des droits de propriété littéraire ou artistique reconnus aux Français, devront, pour exercer leurs droits, accomplir les mêmes formalités.

De cette manière tous les titres de propriété littéraire ou artistique sont rendus publics et peuvent être connus de tout le monde.

Quant à la contrefaçon, il paraît juste de la soumettre à l'empire du droit commun, en décidant que, comme toute autre violation de droit elle donnera lieu suivant les cas à une action civile ou à une action pénale : je rentre, je crois, dans la vérité des faits en reconnaissant qu'une violation de droit ne devient pas nécessairement un délit, parce qu'elle est commise contre un droit de propriété littéraire ou artistique, si elle ne présente pas ce caractère essentiel de tout délit, la culpabilité. Mais lorsque la contrefaçon constitue un délit, lorsqu'elle est commise avec intention, c'est alors un vol, le vol d'un droit littéraire ou artistique qui mérite les sévérités de la loi comme tout autre vol, aussi le juge doit avoir la faculté de la punir d'un emprisonnement.

Il serait nécessaire aussi de régler la condition des droits de propriété littéraire ou artistique déjà nés et marchant vers le terme fatal qui leur est fixé par les lois existantes, il y aurait à légitimer ces droits bâtards de propriété, en les soumettant à l'empire du principe de perpétuité, mais toutefois sans porter atteinte aux droits acquis à des tiers. Si l'œuvre littéraire ou artistique est tombée dans le domaine public, elle est morte pour ses propriétaires primitifs, on ne peut dépouiller le domaine public ; dans le cas où l'œuvre est encore dans le domaine privé, si les héritiers ont conservé la jouissance de leurs droits, ils en recevront l'investiture à perpétuité ; si l'œuvre littéraire se trouve entre les mains de tiers, libraires ou éditeurs, par suite de cession ou de licitation, le marché n'ayant été conclu qu'en vue de la durée fixée aux droits de propriété littéraire par les lois existantes, à l'expiration de ce temps augmenté d'un délai de cinq ans pour permettre à l'éditeur, au cessionnaire d'écouler l'édition qu'il aurait pu faire du livre, les héritiers rentreront en jouissance de leurs droits.

Voici en résumé comment je formule ces idées en projet de loi :

Titre Ier. — *Dispositions générales.*

Art. 1. Les auteurs auront sur leurs œuvres littéraires ou artistiques un droit de propriété perpétuel, transmissible à leurs héritiers comme tous autres biens.

2. Les auteurs ou leurs ayants-cause ont seuls le droit d'exploiter leurs œuvres par tous les moyens possibles, par la publication, par la représentation et par la traduction de toutes manières pour les œuvres littéraires, dramatiques ou musicales; par la reproduction de toutes manières pour les œuvres de dessin, de peinture, de gravure, de sculpture et d'architecture.

3. Dans le cas où par cession, par licitation ou par tout autre moyen, le droit complet de propriété d'une œuvre littéraire ou musicale, ou le droit de reproduction d'une œuvre de dessin, de peinture, de sculpture ou d'architecture, serait passé entre les mains d'un tiers, la durée de ce droit serait réduite à 99 ans, à compter du jour où l'acquisition en aurait été faite.

4. Les compositions orales, les sermons, les discours sont la propriété exclusive de leur auteur; seulement, les discours des fonctionnaires publics pourront être publiés avec les actes de l'autorité, et les plaidoyers des avocats comme accessoires des décisions de la justice.

5. Les sociétés littéraires ou savantes qui publieront des ouvrages en auront la propriété perpétuelle.

En cas de dissolution de ces sociétés, leurs œuvres, si elles n'en n'ont pas disposé, tomberont dans le domaine public.

6. L'œuvre littéraire anonyme donne naissance à un droit perpétuel. Il en est de même de l'œuvre posthume; elle appartient aux héritiers de l'auteur, à moins que celui-ci n'en n'ait disposé autrement.

7. Les lettres missives ne peuvent être publiées comme œuvre littéraire que par leur auteur.

8. S'il y a utilité réelle pour la société à ce qu'une œuvre littéraire ou artistique tombe dans le domaine public, l'auteur pourra être exproprié moyennant une juste et préalable indemnité.

9. L'indemmité à laquelle l'auteur a droit est fixée par un jury dont la composition sera déterminée par un règlement.

10. La cession d'un droit de propriété littéraire n'est censée faite que pour deux éditions, sauf clause expresse à ce contraire.

11. La cession d'une œuvre d'art n'est censée faite que sous réserve du droit de la reproduire par tous moyens.

12. Les articles de journaux ou de revues peuvent être reproduits, sauf convention contraire, après un terme triple de leur périodicité, terme qui ne peut être moindre d'une semaine (1).

13. Dans le partage des biens d'une succession, si un droit de propriété littéraire ou artistique ne peut pas entrer dans le lot d'un seul des copartageants, ou si les héritiers ne peuvent pas s'accorder pour en jouir en commun, il sera procédé à la vente aux enchères publiques.

14. Dans le cas où, à défaut d'héritiers, des droits de propriété littéraire ou artistique reviendraient à l'Etat, ces droits tomberaient dans le domaine public.

15. Le droit de propriété littéraire tombe dans la communauté en cas de mariage, seulement il reste bien propre de l'auteur pendant sa vie, et ne tombe dans l'actif de la communauté qu'après sa mort.

16. En cas de copropriété indivise d'une œuvre littéraire ou artistique, le partage ne pourra être provoqué contre un des coauteurs, sa vie durant.

17. La femme mariée peut user de son droit de propriété littéraire ou artistique avec l'autorisation de la justice à défaut du consentement de son mari.

18. Les créanciers d'un auteur ne peuvent saisir ses œuvres littéraires non publiées, ni ses œuvres d'art inachevées.

19. Les évêques ou archevêques, en donnant l'autorisation de publier des livres de prières, catéchismes ou bréviaires à l'usage de leur diocèse, ne peuvent exercer sur ces publications aucun droit de propriété littéraire.

---

(1) Ce délai est à peu près celui adopté par les statuts de la société des gens de lettres (art. 33).

Titre II. — *Du dépôt.*

20. La propriété d'une œuvre littéraire ou artistique se constate par le dépôt et par l'inscription sur un registre tenu au Ministère de l'intérieur à Paris, dans les bureaux de la Préfecture dans les départements.

21. Le dépôt s'accomplit par la présentation d'un exemplaire, lorsqu'il s'agit d'une œuvre littéraire, dramatique, musicale, ou de gravure, et par la présentation d'un dessin figurant l'objet, quand il s'agit d'une œuvre de peinture, de scuplture ou d'architecture.

22. L'auteur ne peut agir en justice contre les contrefacteurs s'il ne présente un certificat de dépôt, il ne peut poursuivre les contrefaçons antérieures au dépôt de son œuvre.

23. Ce dépôt doit avoir lieu indépendamment du dépôt prescrit aux libraires et imprimeurs par les règlements.

24. L'étranger ne peut être admis à exercer en France les droits établis par la présente loi, s'il ne remplit les mêmes formalités.

25. La cession totale ou partielle soit à titre gratuit, soit à titre onéreux d'un droit de propriété littéraire ou musicale, ou du droit de reproduction d'une œuvre de peinture, de sculpture ou d'architecture, ou la transmission de ce droit n'aura d'effet à l'égard des tiers que si elle a été inscrite sur un registre tenu au ministère de l'intérieur à Paris et au secrétariat de la préfecture dans les départements, registre que tout le monde pourra consulter.

Mention sommaire sera faite sur le registre tenu au ministère de l'intérieur de toutes les inscriptions prises sur les registres des départements. Les préfets dans les cinq jours du dépôt et de l'enregistrement des cessions ou autres actes emportant mutation, devront en envoyer une expédition au ministère de l'intérieur.

Titre III. — *De la contrefaçon.*

26. Il y a contrefaçon toutes les fois qu'il y a exploitation par un moyen quelconque d'un droit de propriété littéraire ou artistique appartenant à autrui.

27. La contrefaçon peut n'être pas un délit, alors elle ne donne lieu qu'à une action civile en dommages-intérêts qui doit être portée devant les tribunaux civils.

28. Il en est de même du débit d'ouvrages contrefaits ou de l'introduction en France d'ouvrages contrefaits en pays étranger.

Dispositions transitoires.

30. Les droits d'auteur qui ne sont pas encore tombés dans le domaine public passeront à perpétuité à leurs héritiers.

31. Si des tiers, libraires, éditeurs ou autres se trouvaient actuellement, en vertu de cessions ou à tout autre titre, en jouissance du droit de reproduction d'œuvres littéraires ou artistiques, à l'expiration du temps fixé pour la durée de ce droit par les lois antérieures augmenté d'un délai de cinq ans, les héritiers de l'auteur rentreront en jouissance de ces droits à perpétuité, conformément aux dispositions de la présente loi.

— Voilà le corps que je proposerais de donner au principe de propriété littéraire, voilà comment je consacrerais ces droits des auteurs méconnus jusqu'à notre époque.

A Rome souvent les artistes étaient des esclaves, comment auraient-ils eu des droits? On achetait alors un rhéteur ou un artiste grec comme on achetait un lion d'Afrique ou une captive de Circassie.

La propriété littéraire n'a vraiment pu se former qu'après l'invention de l'imprimerie ; c'est l'imprimerie qui a fait de l'œuvre de la pensée une richesse productive comme toute autre richesse. L'œuvre littéraire ou artistique devint pour son auteur une source de ressources pécuniaires, mais une source qui se tarissait bien vite entre ses mains : au bout d'un certain délai on le dépouillait de ses droits. Aujourd'hui encore la propriété littéraire n'est qu'une sorte d'usufruit prolongé de quelques années ; il est temps qu'elle devienne une propriété absolue et perpétuelle.

Le cœur ne vient-il pas se joindre à la raison pour plaider la cause des auteurs? Ces grands penseurs, ces grands artistes qui marchent à la tête de l'humanité, qui la conduisent, qui l'éclairent de leur génie, sont-ils heureux? En pourrait-on trouver un seul ? Et cependant on voit seulement ceux que le succès a couronnés, on ne compte pas tous ceux qui sont morts dans les ténèbres du désespoir, sans qu'un rayon de gloire soit venu ranimer leur âme, briller sur leur front. Tous ils ont vécu, tous ils vivent, déchirés par les tortures de la pensée.

« Car toujours la pensée est l'enfer ou la mort. »

Si leur condition dans la vie ne peut être heureuse, que la loi leur assure au moins les ressources pécuniaires dont ils ont besoin pour vivre, car la gloire, le génie a besoin de manger du pain ; qu'elle leur rende au moins la propriété complète et perpétuelle de leurs œuvres, et en consacrant leurs droits la loi ne sera pas généreuse, elle ne sera que juste.

Consulter en faveur de la propriété littéraire les excellents écrits de MM. Édouard Laboulaye et Georges Guiffrey, de MM. Etienne Blanc et Adrien Huart, avocats à la cour de Paris, de M. Calmels ; en sens contraire, le savant ouvrage de M. Renouard.

[illegible]